La grande histoire de mes 3 ans

Écrite par : Karine-Marie Amiot
Illustrée par : Stéphanie Ronzon

FLEURUS

Pâquerette et le baobab enchanté

Aujourd'hui, c'est mercredi.

Dans la savane, les petits peuvent faire ce qui leur plaît !

Les hippopotames pataugent dans la boue.

Les singes jouent dans les arbres.

Les autruches se font belles.

Les zèbres se promènent bras dessus, bras dessous.

Pâquerette, la petite éléphante, sautille sur le chemin.

Dans sa robe à fleurs, elle se sent légère et de très bonne humeur.

Soudain, une grande ombre se pose sur l'épaule de Pâquerette.

« Tu veux jouer à cache-cache avec moi ? » demande Piaf la girafe.

C'est parti !

Pendant que Piaf ferme les yeux et compte,
Pâquerette court se cacher et…
« Vue ! s'écrie la girafe.

Tu es cachée derrière le rocher ! J'ai gagné. »
Pâquerette n'est pas contente : « Ce n'est pas juste, tu es grande, toi. Avec ton long cou, tu vois très loin…
À cache-cache, tu gagnes tout le temps !

Ce n'est pas amusant ! »

Pâquerette s'en va en boudant.
Soudain, elle entend quelqu'un qui galope derrière elle.

C'est Angèle, la jolie gazelle, qui file plus vite que le vent.
« Tu veux faire la course avec moi ?
demande Angèle. La première
arrivée à la mare a gagné ! »

C'est parti !

Angèle est rapide comme l'éclair.
Elle crie : « J'ai gagné ! »
alors que Pâquerette est loin derrière.
Pâquerette arrive, toute essoufflée. Elle n'est pas contente :
« Ce n'est pas juste, tu es rapide, toi. Avec tes longues jambes, tu cours très vite. À la course, tu gagnes tout le temps !

Ce n'est pas amusant ! »

Pâquerette s'en va en boudant. Soudain, on lui saute sur le dos. C'est Macaron, le singe coquin qui escalade les plus hautes montagnes.

« Tu veux grimper aux arbres avec moi ?

propose Macaron.

Le premier arrivé en haut a gagné ! »

Macaron est agile et rapide. Il crie : « J'ai gagné ! » alors que la pauvre Pâquerette n'a pas encore réussi à grimper sur la première branche.
Cette fois-ci, Pâquerette secoue sa trompe de colère.
Elle s'écrie : « Ce n'est pas juste ! Tu es agile, toi.
Et les singes grimpent plus vite que les éléphants.
À ce jeu-là, tu gagnes tout le temps.

Furieuse, Pâquerette tourne le dos à Macaron et s'en va.

Elle s'assoit un peu plus loin au pied d'un gros arbre, un grand et vieux baobab, **et se met à pleurer.**

« Mes amis ne sont pas gentils ! Ils se moquent de moi ! »

Les branches du baobab chatouillent le haut de sa tête.

Soudain, Pâquerette entend une voix :

« Sèche tes larmes, Pâquerette, et écoute-moi. »

Surprise, la petite éléphante bondit sur ses pattes.

Elle tourne la tête dans tous les sens.

« Qui est là ? demande-t-elle.

– C'est moi,
le baobab enchanté !

Je n'aime pas voir pleurer les éléphants. Comme tu as du chagrin, je vais te faire un cadeau. Je vais exaucer trois de tes vœux. »
Pâquerette n'en croit pas ses grandes oreilles.

« Quel est ton premier vœu, Pâquerette ? »

demande le baobab à la petite éléphante.
Folle de joie, Pâquerette s'écrie :

« Je voudrais jouer à la balançoire !

– Alors ferme les yeux et compte jusqu'à 3 », dit le baobab.

« 1, 2, 3. »

Quand Pâquerette ouvre les yeux,

une jolie balançoire rouge

est installée au bout d'une branche.

Pâquerette grimpe sur la balançoire.

« Je vais me balancer jusqu'au ciel

et toucher les nuages avec mes pieds !

Tout là-haut, je dirai bonjour aux oiseaux, je monterai sur leur dos, je verrai toute la savane. Je verrai même au-delà des montagnes,

et jusqu'à l'océan. »

Mais « ho ! hisse », Pâquerette a beau pousser sur ses pattes, la balançoire ne bouge pas d'un pouce.« Je n'y arriverai jamais toute seule ! soupire-t-elle.

Jouer toute seule à la balançoire, ce n'est pas amusant ! »

Elle descend de la balançoire et retourne voir le grand et vieux baobab. « Quel est ton deuxième vœu, Pâquerette ? » demande le baobab à la petite éléphante. Pâquerette s'écrie :

« Je voudrais jouer au ballon.

– Alors ferme les yeux et compte jusqu'à 3 », dit le baobab.

« 1,

2,

3. »

Quand Pâquerette ouvre les yeux,
un gros ballon bleu roule à ses pieds.

Pâquerette tape dedans.

Le ballon dévale la pente
et arrive près de la rivière.

Vite, il va tomber dans l'eau !

Pâquerette court et le rattrape juste à temps.
Hourra ! Pâquerette est la championne du ballon rond !

Pâquerette lance son ballon en l'air, le rattrape avec sa trompe, le fait rebondir sur son derrière !

Et puis… elle commence à s'ennuyer. Elle fait rouler son ballon dans les hautes herbes en songeant : « Il me faudrait des amis pour jouer à chat ballon ou ballon perché.

Jouer toute seule avec un ballon, ce n'est pas très amusant. »

Pâquerette abandonne son ballon et retourne voir le grand et vieux baobab.

« Quel est ton troisième vœu, Pâquerette ? »

demande le baobab à la petite éléphante. Elle s'écrie :

« Je voudrais être une fée !

– Alors ferme les yeux et compte jusqu'à 3 », dit le baobab.

« 1,
2,
3. »

Quand Pâquerette ouvre les yeux, elle découvre une robe brodée d'étoiles, un magnifique chapeau rose et doré et une baguette magique.

Elle enfile son déguisement et court à la rivière pour s'admirer dans l'eau transparente. Elle agite sa baguette :

« Abraca

Moi, la fée des éléphants, je connais des formules magiques pour changer les girafes en petites souris, les antilopes en hippopotames et les singes en grenouilles ! Abracadabra, je vais me rendre invisible et partir à la recherche de mon prince charmant. »

dabra !

Mais au bout d'un moment, Pâquerette en a assez de jouer toute seule : elle n'a personne à transformer pour de vrai et aucun prince pour l'admirer !

« Jouer toute seule à être une fée, ce n'est pas très amusant ! »

La petite éléphante retourne voir le grand et vieux baobab.
« Alors, Pâquerette, tu n'es pas contente avec tous ces jouets ? lui demande-t-il.
– Si, baobab, répond Pâquerette, mais je préférerais avoir des amis pour jouer.
Toute seule, je m'ennuie ! »

Heureusement, Piaf, la girafe, Angèle, la gazelle, et Macaron, le singe, ont tout entendu.

Ils bondissent vers Pâquerette.

Piaf parle la première :
« Mais moi, j’aime bien jouer à la balançoire. »

Angèle continue :
« Et moi, j’aime bien jouer à me déguiser. »

« Et moi, j’adore jouer au ballon ! » s’exclame Macaron.
Pâquerette sourit : « Vous êtes de vrais amis. Je ne suis plus fâchée ! »

Les amis s'écrient : « Alors, allons nous baigner à la rivière ! » Pâquerette, toute contente, se tourne vers le grand et vieux baobab :

« Baobab, je te présente mes amis ! Au revoir et merci ! »

Pâquerette, Piaf, Angèle et Macaron sautillent et dansent sur le chemin.

Ils sautent tous dans l'eau et s'éclaboussent en riant.

C'est drôlement chouette le mercredi, quand on a des amis !

Je suis une fille

Mon nom

Ma taille

Mon animal préféré

Ce que je veux faire quand je serai grande

Ma famille

formidable !

Ma couleur préférée

rose

Ma signature

Ma date de naissance

Mon empreinte digitale

Ma photo

Mes rêves les plus grands

Mon premier voyage

Ma chanson préférée

Le sport que je pratique

La blague qui me fait le plus rire

Mon livre préféré

Les prénoms de mes copines

Mon dessin animé favori

Ce que j'aime manger

Mon arbre préféré

Édition : A Cappella Création

Site : www.editionsfleurus.com
ISBN : 978-2-2150-4759-9
N° d'édition : 08013

«Loi n°49-956 du 16 juillet 1949
sur les publications destinées à la jeunesse.»
Achevé d'imprimer en décembre 2007 par Stige
Dépôt légal : Janvier 2008